Sei una Ragazza Meravigliosa

Una raccolta di Storie ispiratrici su coraggio, amicizia, forza interiore e fiducia in sé stessi

Nadia Ross

Special Art Stories

Sei una Ragazza Meravigliosa

Una raccolta di Storie ispiratrici su coraggio, amicizia, forza interiore e fiducia in sé stessi

Nadia Ross

ISBN: 979-12-80592-23-1

support@specialartbooks.com
www.specialartbooks.com

Indice

Introduzione

Ciao! Lo sai che sei una ragazza meravigliosa?

Sei unica e speciale e non c'è un'altra te in tutto il mondo, su miliardi di persone! Sei intelligente, divertente, coraggiosa e unica: non lo dimenticare mai. Porti con te una luce incredibile che nessun altro sarebbe in grado di fare perché solo tu sai come brillare.

Il mondo ti metterà di fronte a molte sfide. A volte saranno grandi, altre volte più piccole. Queste sfide potrebbero spaventarti o potresti avere dei dubbi in merito a come stai agendo. Ma l'importante è che tu sappia che tutti noi proviamo questi stessi sentimenti! I tuoi genitori, i tuoi nonni, gli amici, i tuoi fratelli e persino le persone che non conosci,

a volte, dubitano delle loro scelte e delle loro azioni. Anche loro sono spaventati.

Voglio svelarti un piccolo segreto, però: anche se hai paura nel fare alcune cose, puoi comunque riuscirci! A volte, le cose che temi di più sono quelle che ti permettono di vivere l'esperienza migliore! Puoi imparare dagli errori e trovare il buono in tutto ciò che fai, anche quando quello che stai vivendo non ti sembra così positivo.

Questo libro ti presenterà un gruppo di ragazze nella loro quotidianità, molto simile alla tua. Sono spaventate, preoccupate e, spesso, non ce la fanno subito. Lavorano sodo, imparano dagli errori e continuano a provare. A volte si scoraggiano, dubitano delle loro capacità e quasi si arrendono, ma da qualche parte dentro di loro, la luce risplende. Trovano il loro coraggio e la fiducia in sé stesse e superano i momenti difficili per raggiungere i loro obiettivi.

Puoi far risplendere la luce nel tuo angolo di mondo e puoi portarla alle altre persone quando lasci andare la paura e continui ad apprendere da ciò che ti accade. Quando credi in te stessa, puoi realizzare qualsiasi cosa perché sei una ragazza meravigliosa.

Luna, la Ragazza Curiosa

Quanto sei curiosa di provare qualcosa di nuovo? Vedi cose che ti emozionano? Sei impaziente di cimentarti in ciò che non conosci? Continui finché non trovi qualcosa che "fa" per te? Non devi essere ansiosa di decidere cosa fare nella vita, né devi necessariamente prendere subito una decisione. Puoi prenderti il tuo tempo per trovare la tua passione perché le scelte che fai nella vita sono solo tue e quando ci metti il cuore, non puoi sbagliare!

~ ~ ~

Luna era sempre incuriosita da tutto. Amava così tanto conoscere cose nuove che molti suoi familiari la chiamavano "Luna la curiosa". Ma a Luna non importava. Era orgogliosa ed entusiasta di provare tutto ciò che aveva davanti, soprattutto le novità. In tutto ciò in cui si era cimentata nella vita aveva sempre messo il cuore e l'anima. Aveva scoperto che finora le sue attività preferite erano suonare la tromba, correre nei boschi, sguazzare nell'acqua, leggere libri, giocare in giardino, disegnare, dipingere, parlare al telefono di sua madre con sua nonna, cuocere muffin, giocare a carte, nuotare e andare in bicicletta.

Ma lei non aveva qualcosa di speciale che le altre persone avevano, ossia la sua *passione*. La mamma di Luna era una pittrice, suo padre era un panettiere, sua sorella una giocatrice di basket e suo fratello amava scrivere. Anche se sapeva che a loro piaceva svolgere anche altre attività, ognuno di loro si concentrava sulla propria e unica *passione*.

Così, Luna decise che avrebbe iniziato a cercare anche lei la sua.

Pensò a tutto quello che aveva provato e a cosa le piaceva di più. Tra queste, andare sui pattini a rotelle, suonare e leggere libri erano le sue attività preferite sebbene non fosse sicura che leggere fosse proprio la sua *passione*. Infatti, le piaceva essere impegnata e in movimento e leggeva le storie solo prima di andare a dormire o quando questo era un compito affidatole dalla maestra.

Così, tolse la lettura dalla lista lasciando come *passioni* da provare quella di suonare degli strumenti e andare sui pattini a rotelle.

Anche se non sapeva cosa avrebbe potuto fare con il pattinaggio, sentiva di doverlo provare. Andò dai suoi genitori chiedendogli se poteva seguire le lezioni di pattinaggio a rotelle e imparare a suonare la tromba per davvero. I suoi genitori si guardarono e sorrisero. Era un sorriso che diceva a Luna che era fedele a sé stessa e che loro erano felici di aiutarla a trovare la sua *passione*. Questo sorriso la rese veramente felice.

Nelle settimane successive, Luna si concentrò solo su queste due attività da lei scelte. Si divertiva con entrambe, ma nessuna era la *passione* a cui avrebbe voluto dedicarsi a tempo pieno. Terminò tutte le lezioni di sei settimane e poi disse ai suoi genitori che non aveva più intenzione di continuare.

Successivamente, chiese a sua sorella di insegnarle il basket. Pensava che forse l'amore per il gioco sarebbe nato anche in lei, ma, sebbene il basket fosse divertente, in cuor suo non lo vedeva come una sua *passione*. Luna chiese anche a suo fratello di insegnarle a scrivere, sebbene non fosse neanche una fan della scrittura. Così, iniziò a temere che non avrebbe mai trovato la sua *passione*.

Una sera a cena, Luna sospirò. Suo padre guardò la madre aggrottando le sopracciglia ed entrambi si chiesero silenziosamente cosa c'era che non andava in Luna. Suo padre le disse: "Luna, cosa c'è che non va?".

Luna scrollò le spalle. Si era sempre sentita a suo agio a parlare con la sua famiglia perché la supportavano in tutto, quindi disse: "Non sono sicura che riuscirò mai a trovare la mia passione. Tu sei un panettiere, mamma è una pittrice, a Sofia piace il basket e a Bruno piace scrivere. Mi piace fare molte cose, ma non ce n'è una che tra tutte amo di più. Tutto ciò che ho provato non mi ha convinta realmente".

Sua madre le sorrise. "Luna, sei ancora molto giovane. Hai ancora molto tempo per trovare la tua passione. E magari la troverai, ma poi potresti volerla cambiare dopo un po'. Papà non è sempre stato un panettiere; prima lavorava in un ufficio e progettava edifici. Nemmeno io ho sempre dipinto; prima lavoravo in banca".

Luna ci pensò per un momento. "Cosa ti ha spinto a lavorare in banca?".

Sua madre scosse la testa. "In realtà nulla. Era solo un lavoro che mi permetteva di pagare le bollette mentre cercavo la mia vera *passione*. Mi ci è voluto un po' di tempo per capirlo, proprio come te. Fidati di me, se continui a cercare, troverai la cosa che ami di più".

Luna annuì. I consigli di sua madre e il sostegno della sua famiglia la fecero sentire meglio. Capì anche che loro tifavano per lei, anche se ci stava mettendo più di quanto si aspettasse.

"Ti dico una cosa", disse suo padre. "Ti piace cucinare con me, quindi vieni in panetteria domani e ti faccio vedere qualcosa di nuovo".

L'interesse di Luna aumentò e a stento riuscì a contenere la sua curiosità e felicità. Poi rispose: "Cosa mi mostrerai di nuovo?".

"Ah ah, tesoro. Dovrai aspettare fino a domani".

Luna annuì e mentre aiutava a sparecchiare la tavola, la sua curiosità aumentava.

La mattina seguente, Luna e suo padre si svegliarono mentre fuori era ancora buio. *Per lavorare in una panetteria bisogna alzarsi molto presto*, pensò Luna assonnata. Era uno dei motivi per cui sapeva che questa non poteva essere la sua *passione*, ma le piaceva andare al lavoro con suo padre una volta ogni tanto.

Quando arrivarono, il padre le disse di stare dietro al tavolo pieno di oggetti. "Oggi facciamo i muffin. Ecco", disse mentre le porgeva dei misurini di metallo. "Bisogna misurare 380 grammi di farina. Devi essere precisa. Non può essere né di più né di meno, altrimenti i muffin non verranno".

Tentennando, fece un respiro profondo. Suo padre diceva sempre che era un lavoro molto preciso e che le sue mani non erano ancora abbastanza grandi. Luna annuì concentrandosi un po' di più.

Questa volta era importante. Questo lavoro era importante. Doveva essere attenta e consapevole.

Luna prese la farina con un misurino raschiando via la parte superiore per ottenere la giusta misura. Poi la pesò sulla bilancia. Era molto soddisfatta quando ottenne il giusto livello di farina.

Lo era così tanto che le sembrava *quasi* di aver trovato la sua *passione*. Voleva decisamente provarlo a fare più volte, ma non pensava fosse la cosa giusta.

Il giorno dopo andò a scuola e l'insegnante presentò alla classe una nuova materia chiamata Scienze. L'insegnante spiegò agli alunni che esistevano molte misurazioni e miscele per fare esperimenti. Disse anche che la curiosità era una parte fondamentale della scienza perché permette di scoprire cose nuove e trovare nuovi modi per aiutare le persone quando gli esperimenti funzionano. Luna ripensò a come le era piaciuto misurare la farina il giorno precedente in panetteria. Sapeva anche di essere una persona *molto* curiosa!

Alzò la mano e chiese all'insegnante: "Quando faremo esperimenti scientifici?".

La maestra sorrise. "Dopo la fiera della scienza in cui sarete in grado di creare un esperimento da soli, di mostrarlo alla scuola e, magari, anche di vincere un premio".

Sebbene il pensiero fosse entusiasmante, Luna non vedeva l'ora di tornare a casa per chiedere alla sua famiglia di provare a fare esperimenti scientifici. Non aveva mai provato qualcosa del genere prima e, per qualche ragione, sapeva che al momento la scienza sarebbe stata la sua passione!

~ ~ ~

Proprio come Luna, non smettere mai di cercare la tua *passione*. Sei una ragazza speciale, unica nel suo genere. Solo tu puoi fare quello che desideri! Prenditi del tempo per trovare ciò che più ami fare e prendi le tue decisioni con il cuore. Sii fedele a te stessa e sarà tutto fantastico.

Nicole in una Nuova Scuola

Andare a scuola può essere divertente ed entusiasmante. Puoi imparare cose nuove e avere l'opportunità di

incontrare nuove persone. Quando devi fare qualcosa che non hai mai fatto prima, sei agitata? Magari temi che le persone che incontri non ti apprezzino o pensi che non sarai in grado di fare nuove amicizie? A volte, quando proviamo qualcosa di nuovo, ci agitiamo e pensiamo che tale paura abbia a che fare con qualcosa di brutto, quando in realtà significa semplicemente che non l'abbiamo mai fatto prima.

Sei unica, intelligente e davvero molto speciale. È normale avere paura ed essere agitata quando sta per succedere qualcosa di diverso. Trovare un modo per sfogare questa agitazione con la tua creatività può aiutarti a capire che se qualcosa è nuovo, non significa che sia brutto. Significa solo che è sconosciuto e, una volta che noterai che la tua agitazione non potrà fermarti, sarai in grado di mostrare a tutti quanto sei incredibile.

~ ~ ~

Quella mattina, Nicole rimase sveglia nella sua camera da letto. Fissò le pale del ventilatore sul soffitto girare. Questo ventilatore non era quello che lei solitamente guardava. Quello era bianco con i fiorellini rosa. Questo, invece, era nuovo; si trovava in una nuova stanza, in una nuova casa, in una nuova città lontana da quella in cui viveva prima.

Si stava ancora abituando al trasferimento e ora avrebbe dovuto frequentare una nuova scuola dove non conosceva nessuno. Nicole, essendo molto agitata, iniziò a sentire le farfalle nello stomaco. Ora, vedeva il riflesso del sole sul soffitto che cominciava a sorgere. Non sapeva che ore fossero, ma sicuramente non aveva dormito molto.

Quest'anno sarebbe stato tutto diverso. Avrebbe avuto nuovi insegnanti e compagni di classe e questo la rendeva molto nervosa.

Stringere nuove amicizie la preoccupava. Le avrebbe parlato qualcuno? Ogni classe avrebbe pranzato insieme: vicino a chi avrebbe mangiato lei? A che cosa avrebbe giocato durante la ricreazione? Qualcuno le avrebbe chiesto di correre insieme o sarebbe rimasta seduta su un'altalena da sola?

Tutti questi pensieri la rendevano molto triste e le facevano sentire la mancanza dei suoi vecchi amici.

Poi le venne improvvisamente in mente una cosa e si sedette. Per fare nuove amicizie, Nicole avrebbe realizzato dei braccialetti dell'amicizia per tutti i suoi compagni di classe. Così, si alzò dal letto e iniziò a pianificare come fare. Se tutti nella sua classe avessero avuto un braccialetto dell'amicizia, avrebbero avuto anche un nuovo modo per conoscersi. Era così che avrebbe conosciuto i suoi nuovi amici! La sua idea fece sparire le farfalle nella pancia e la rese così emozionata per il primo giorno di scuola.

In classe, non riusciva a smettere di sorridere e scoprì che i due studenti seduti accanto a lei erano molto simpatici. Ma, sebbene fosse entusiasta di realizzare i braccialetti, non rivelò a nessuno questa idea perché voleva che fosse una sorpresa.

Durante la ricreazione, Nicole non era più preoccupata di essere sé stessa tra i nuovi compagni. Corse dagli studenti che erano seduti accanto a lei in classe e loro le chiesero di giocare insieme. Lei accettò volentieri.

Quando tornò a casa, si precipitò in cucina per raccontare a sua madre del primo giorno di scuola e per chiederle aiuto. "Ci sono venticinque bambini nella mia classe e avrò bisogno di una scorta di fili per realizzare tutti i braccialetti", disse.

Sua madre sorrise e rispose: "Allora dopo cena andremo al negozio di artigianato".

Nicole non vedeva l'ora di iniziare a creare i suoi braccialetti, ma prima doveva fare i compiti e poi voleva contattare gli amici della sua vecchia scuola e sapere come era andato il loro primo giorno.

Quando li sentì, le ragazze le raccontarono tutte le storie del loro primo giorno di scuola. Nicole si rattristì un po' perché le mancavano le sue amiche, ma quando raccontò loro della sua intenzione di creare i braccialetti dell'amicizia, pensarono che questa fosse un'ottima idea, così decisero di crearli anche loro per tutti i compagni di classe.

"Sarà come se fossimo tutti uniti!", disse Nicole.

Ogni giorno, dopo che la scuola e i compiti erano finiti, Nicole e le sue amiche si collegavano in videochiamata, creavano i braccialetti e chiacchieravano un po'. Nicole pensava che fosse bello parlare con loro ogni giorno e si rese conto che essere dall'altra parte del paese non significava che sarebbe cambiato tutto. Non sarebbero uscite come una volta, ma se avessero continuato a parlare tra loro tramite le videochiamate, avrebbero potuto rimanere in contatto.

Mentre Nicole faceva i suoi braccialetti, pensava anche a tutti i nuovi amici che aveva conosciuto a scuola. Pensò a come erano tutti diversi e decise di creare braccialetti differenti per ognuno di loro.

Prima del giorno in cui avrebbe portato loro i regalini, ricevette un pacchetto a casa. Quando sua madre glielo diede, Nicole la guardò confusa. "Che cos'è?", chiese.

Sua madre rispose: "Non lo so, tesoro. Penso che dovrai aprirlo per scoprirlo". Nicole notò un sorrisetto sul volto di sua madre, ma non capì cosa significasse, sebbene sapesse che un significato sicuramente c'era.

Poi rivolse la sua attenzione al pacchetto che aveva tra le mani. Impaziente, scartò la carta marrone e tirò fuori una piccola scatola bianca. Sopra c'era un biglietto e quando Nicole l'aprì, vide che glielo mandavano le due amiche che vivevano nella sua vecchia città. Nicole guardò sua madre stupita. "Mi hanno mandato un regalo?". Aprì la scatola e trovò un braccialetto dell'amicizia tutto suo.

"Oh, che bello!", esclamò contenta Nicole. "Non posso credere che me ne abbiano mandato uno anche a me". Iniziò a piangere dalla gioia. Sua madre le prese il braccialetto e glielo legò al polso.

"Sì", disse sua madre. "Hai delle amiche fantastiche. Mi hanno chiamata la settimana scorsa per sapere a quale indirizzo spedirlo. Ho dovuto tenere il segreto".

"Oh, che meraviglia", esclamò Nicole. Guardò stupita il braccialetto. "Non riesco a crederci che lo abbiano fatto".

"Volevano che anche tu avessi il tuo braccialetto affinché tutta la classe rimanga unita". Sua madre sorrise e abbracciò Nicole. "Ma adesso è ora di andare a letto".

Nicole andò a letto ma non riusciva ad addormentarsi. Guardava continuamente il suo braccialetto o lo cercava con le mani. Aveva davvero delle amiche fantastiche. Era molto commossa e contenta di averlo ricevuto. Sperava che anche tutti i suoi compagni di classe si sarebbero sentiti come lei quando avrebbero ricevuto il loro regalo.

Il giorno seguente, Nicole era finalmente pronta a dare i braccialetti a tutti i bambini. Sebbene avesse iniziato a fare amicizia con molti altri compagni, teneva ancora segreti i suoi regali. Portò la sua scatola contenente i venticinque braccialetti e iniziò a sentire di nuovo le farfalle nella pancia. Questa volta, però, si rese conto che le farfalle erano lì perché era emozionata.

Dopo averli consegnati tutti, aiutò i suoi nuovi amici a indossarli e aggiunse l'ultimo braccialetto al suo polso, dicendo: "Ora siamo tutti uniti!". Alzò il braccio in aria per mostrare anche il suo e fu così contenta nel vedere anche tutti gli altri studenti alzare le braccia.

Nicole si rese conto che essere creativa era il modo migliore per superare la sua agitazione e grazie alla sua idea, era riuscita a conoscere tanti nuovi amici.

~ ~ ~

Sai che sei creativa anche quando sei agitata? Pensi che la tua creatività ti possa aiutare ad entrare in contatto con le persone e ad allontanare sentimenti nervosi o di paura? Se guardi in maniera positiva alle emozioni, anche se ti fanno sentire un po' strana, puoi fare cose incredibili. Il modo speciale e meraviglioso in cui guardi il mondo ti aiuterà a relazionarti con le persone attraverso modi fantastici! Ora, mostra al mondo quanto sei incredibile!

Il Grande Compito di Sara

Hai mai avuto paura di fare qualcosa o di non riuscire a farla bene? Alcuni progetti scolastici possono richiedere ore o addirittura giorni di lavoro! Fai del tuo meglio per ottenere i migliori risultati? Quanto tempo impieghi? Quanto sei agitata quando consegni il progetto? Non preoccuparti, ragazza meravigliosa: se sei agitata significa solo che ci tieni e quando lavori sodo, impari cose incredibili anche divertendoti molto.

~ ~ ~

Un giorno, Sara tornò a casa molto agitata. Gettò a terra lo zaino e corse da sua madre. "Mamma! Ho un grande progetto da consegnare entro la fine della settimana. Mi ci vorrà così tanto. Non posso credere che la maestra ci abbia fatto questo!".

La mamma di Sara sorrise. Sapeva che Sara era sempre agitata per i nuovi progetti perché voleva andare bene a scuola. "La tua insegnante non ti avrebbe affidato quel progetto se non avesse pensato che potevi farlo. Cosa devi fare?".

"Devo creare un sistema solare con tutti i pianeti e i loro satelliti. Deve essere un modello 3D e devo consegnarlo venerdì. Devo costruirlo!". Sara era davvero preoccupata perché non aveva mai fatto nulla del genere per la scuola. Al massimo aveva messo pochi mattoni uno sopra l'altro.

"Hai il compito a casa con le regole per il progetto?".

"Sì!", rispose Sara. Corse lungo il corridoio per prendere lo zaino e tornò di corsa in cucina. Sua madre sembrò un po' titubante e le prese la mano.

"Sara", le disse. "Devi calmarti e fare un respiro profondo. E smettila di correre in casa, sai che non devi farlo".

Sara l'ascoltò. Chiuse gli occhi e fece un respiro profondo. Capì che sua madre aveva ragione. L'insegnante non avrebbe assegnato il progetto alla classe se non fossero stati pronti. Ma il progetto era così grande che sapeva che avrebbe dovuto iniziarlo subito.

"Mamma, avremo bisogno di tanto materiale", disse Sara.

Sua madre sorrise. Sapeva che Sara era pronta ad affrontare il progetto. "Va bene, ma ti mancano i primi passi, quindi prima pianifica il tipo di modello che vorresti realizzare e inizieremo da lì".

Sara annuì. Analizzò i diversi modi per realizzare un sistema solare 3D e comprese che c'erano varie possibilità. Alla fine, decise che avrebbe creato un'immagine del sistema solare all'interno di una scatola in modo che fosse facile da trasportare.

Senza che sua madre glielo dicesse, Sara iniziò a fare una lista di attrezzi e oggetti di cui avrebbe avuto bisogno.

Sara decise che anche per i satelliti avrebbe usato delle palline di polistirolo di diverse dimensioni. Le servivano anche la vernice, la carta colorata, la colla e qualche altro oggetto.

Dopo che Sara terminò gli altri compiti e cenò con la sua famiglia, prese la lista e andò con i genitori al negozio. Mentre si guardava intorno, metteva nel cestino i vari articoli. Fu davvero difficile per lei non comprare più di quello che aveva sulla sua lista. C'erano così tante cose fantastiche nel negozio di artigianato e voleva toccarle tutte. Ma continuava a ricordarsi di rimanere concentrata.

Doveva iniziare il progetto quella sera perché il sistema solare era grande! Se non l'avesse iniziato subito, probabilmente non sarebbe riuscita a portarlo a termine.

Quando il cestino fu pieno di oggetti, andarono alla cassa e pagarono tutti gli articoli; poi uscirono dal negozio.

Dopo essere tornati a casa, Sara preparò tutti gli oggetti di cui aveva bisogno per dipingere. Ce n'erano davvero tanti. Iniziò a sentirsi sopraffatta: non sapeva se sarebbe stata in grado di dipingere tutti i pianeti, i satelliti e le stelle che aveva intenzione di realizzare. Era preoccupata di non riuscire a svolgere l'intero progetto in tempo e, se ce l'avesse fatta, temeva che non sarebbe stato il suo lavoro migliore. Non sapeva davvero da dove cominciare.

Sara si ricordò di quello che le aveva detto sua madre: doveva rilassarsi, chiudere gli occhi e fare un respiro profondo. E così fece.

Quando espirò, si rese conto che avrebbe iniziato con una pallina di polistirolo per poi passare alla successiva. Stabilì un piano di lavoro e si rese conto che non era poi così tanto. Se avesse dipinto quella sera e il giorno seguente, avrebbe poi avuto due giorni per mettere insieme le cose.

Ora che aveva un piano, si concentrò sul lavoro per il resto della settimana. Ogni tanto si innervosiva ancora un po', ma poi respirava e si diceva che sarebbe andato tutto bene.

Una volta terminato il progetto, Sara lo guardò: ora temeva che non fosse abbastanza bello. Sua madre l'aiutò a portare il progetto a scuola e quando Sara vide i progetti degli altri studenti, capì di aver fatto un buon lavoro. Aggiunse tutti i pianeti, i loro satelliti, alcune stelle e il sole. Il suo lavoro era bello come quello di molti altri ragazzi e per questo si disse che era inutile agitarsi.

Quando insieme a sua madre posarono il sistema solare, Sara capì di essere orgogliosa di sé stessa per aver portato a termine il lavoro. Mentre vedeva il risultato del suo duro lavoro e della sua pianificazione, si ricordò di quanto fosse preoccupata all'inizio della settimana. Ora sapeva che anche se la sua agitazione avesse avuto la meglio su di lei, chiudendo gli occhi, facendo un respiro profondo e pianificando alcuni compiti, tutto sarebbe andato per il verso giusto perché era una ragazza intelligente e determinata.

~ ~ ~

Beh, cosa ne pensi? Sai che qualunque cosa accada, sarai in grado di fare
persino le cose difficili? Anche quando
pensi di non poterlo fare, devi provarci
perché, con un po' di pratica e un po'
di aiuto, puoi sicuramente raggiungere
i tuoi obiettivi! Ricorda di chiudere gli
occhi, fare un respiro profondo e capire
che puoi fare qualsiasi cosa immagini.

Trova il tuo Equilibrio

Quando sei coraggiosa e forte, puoi superare qualsiasi paura. Anche le sfide più grandi possono essere viste come momenti spaventosi, ma è il modo in cui le affronti che conta di più! Pensa a cosa ti accadrebbe se cadessi? Come ti rialzeresti nonostante le situazioni difficili? In ogni caso, continua sempre a seguire la tua passione!

~ ~ ~

Mila era super contenta. Oggi si sarebbe tolta il gesso dalla gamba e questo significava anche che avrebbe potuto ricominciare a fare skateboard. Non vedeva l'ora di sentire di nuovo la tavola sotto i piedi e il vento tra i capelli mentre praticava il suo sport preferito lungo il vialetto.

In realtà, si faceva persino male quando provava un nuovo trucco, ma sapeva che a volte questo può succedere e che quando fai qualcosa che ami, devi comunque affrontare alcuni ostacoli e dolori.

Quando le tolsero il gesso, sua madre chiese al dottore: "Quanto ci vorrà prima che possa di nuovo andare sullo skateboard? Non vedeva l'ora di tornare là fuori". Sua madre mise la mano sulla spalla di Mila e lei sorrise. Fece un respiro profondo. Sapere che sua madre era sempre lì per lei era confortante. Ma aveva ragione, Mila non vedeva l'ora di uscire e, durante le sei settimane in cui era rimasta a casa con il gesso, aveva lavorato per migliorare il suo skateboard. Aveva montato le nuove rotelle, aveva messo l'olio su queste, aveva serrato i bulloni e altro ancora! Ogni giorno aveva in qualche modo lo skateboard in mano, sognando ad occhi aperti il momento in cui sarebbe stata in grado di risalirci.

Mila guardò il dottore con ansia, trattenendo il respiro e aspettando la sua risposta. Infine, lui disse: "Dovrebbe aspettare ancora qualche giorno finché non sarà più stabile in piedi. E poi, all'inizio dovrebbe fare solo piccoli movimenti". Il dottore poi guardò Mila. "Non vuoi farti di nuovo male, vero?".

Mila non sapeva come rispondere: ragionando, capiva che è normale che a volte ci si fa male, ma allo stesso tempo in cuor suo era spaventata da quello che le aveva detto il dottore.

Sua madre le prese la mano e disse: "Grazie, dottore. Sono sicura che starà attenta".

Fece un passo e sentì un po' tremare la gamba. Poi pensò che il dottore potesse avere ragione: magari avrebbe dovuto aspettare un paio di giorni prima di provare a salire di nuovo sulla sua tavola.

A casa, Mila si rese conto che non voleva nemmeno guardare il suo skateboard.

Era troppo preoccupata per la gamba. La testa le diceva di non avere paura, che era normale, ma non riusciva a scrollarsi di dosso quel timore che iniziava a premere sul petto.

Dopo alcuni giorni, Mila continuava a trovare modi per tenersi occupata. Decise di aiutare a fare più faccende in casa, studiare di più o persino giocare di più con il suo fratellino. Tutto questo sembrava molto più importante del provare a tornare sul suo skateboard.

La settimana successiva, la mamma di Mila le chiese di sedersi con lei. "Penso che dovremmo parlare", le disse.

"Ho fatto qualcosa di sbagliato?", chiese Mila. Pensava che sua madre le parlasse solo quando succedeva qualcosa di serio, come un brutto voto o una discussione con suo fratello e le sue sorelle.

Sua madre sorrise e Mila si sentì più tranquilla. "No, voglio parlarti del motivo per cui stai evitando il tuo skateboard".

Mila si morse il labbro. Non pensava che qualcuno se ne fosse accorto. Si guardò le mani. "Non lo so". Anche se sapeva qual era il problema, aveva paura di farsi male e non voleva davvero parlarne perché questo la imbarazzava.

"Mila", disse sua madre, prendendole la mano. Mila la guardò. "Io penso che tu lo sappia".

Mila esitò. Sebbene avesse difficoltà a guardare sua madre negli occhi, disse "Sì", molto tranquillamente.

"Allora, perché pensi di non poter più andare sullo skateboard?".

Mila scosse la testa e sentì le lacrime iniziare a scendere sulle guance. "Ho paura", disse.

Sua madre le mise un braccio intorno alla spalla e le disse: "Va bene avere paura, tesoro. Ma questo non significa che dovresti smettere di fare ciò che ami fare".

Mila annuì. Sapeva che sua madre aveva ragione e si sentiva anche molto meglio dopo aver ammesso ad alta voce di essere spaventata. Ciò la sorprese. Pensò che ogni volta che si sentiva male, forse avrebbe dovuto parlarne. L'avrebbe fatta sentire meglio.

"Vuoi andare a provarlo ora?", chiese la mamma di Mila. "Posso starti accanto e tu devi solo andare sulla parte pianeggiante del vialetto".

Mila si asciugò le lacrime dagli occhi e annuì. Aveva ancora paura, ma sapeva che sua madre aveva ragione. Non avrebbe dovuto smettere di fare skateboard, perché lo adorava.

Nel momento in cui Mila prese la sua tavola e uscì, iniziò a sentirsi come la ragazza che era sempre stata. La sua paura era ancora lì, ma il conforto che il suo skateboard le dava, riusciva ad allontanarla.

Il sole splendeva e la brezza soffiava leggera. Mila posò il suo skateboard a terra. Fece un respiro profondo e si rese conto che gran parte della sua paura era andata via.

"Vuoi che ti tenga la mano?", le chiese sua madre.

Mila scosse la testa; voleva farlo da sola.

Mise un piede sullo skateboard e poi allineò l'altro piede. Chiuse gli occhi e fece un altro respiro profondo, e un'altra parte della sua paura se ne andò. Si allontanò con il piede che era a terra. Un sorriso le si dipinse sul volto mentre tornava tutta la sua felicità.

Non poteva credere di aver lasciato che la paura le portasse via questa gioia, ma era così contenta che, anche se aveva avuto paura, era riuscita a superarla!

Si sentiva di nuovo bene mentre fermava la tavola, si voltò e rivolse un sorriso ancora più grande a sua madre. Mila prese lo skateboard con la mano e corse da sua madre, gettandosi tra le sue braccia!

Mila non avrebbe mai più permesso alla paura di fermarla.

~ ~ ~

Ora che Mila ha scoperto che la paura non la fermerà, pensi che lascerai che questa ti ostacoli? Se ami qualcosa, devi continuare a farla per essere felice! Non lasciare che la paura ti impedisca di vivere i tuoi sogni! Sei speciale e ti meriti di fare tutto quello che desideri fare!

Lucia Prepara una Torta

Ti sei mai impegnata così tanto nel fare qualcosa, senza però riuscire ad ottenere un buon risultato? Magari ti sei poi sentita scoraggiata e volevi arrenderti. Questo è esattamente quello che è accaduto alla protagonista della nostra prossima storia. Lucia voleva preparare una torta perfetta, ma molte cose non sono andate esattamente come si aspettava.

Cosa pensi che sia successo? Continuiamo a leggere per scoprirlo!

~ ~ ~

Lucia ha provato molte torte nella sua vita, ma la torta al cioccolato è la sua preferita. Se glielo chiedi, ti dirà che la ama davvero tanto. Da poco, Lucia ha scoperto di riuscire a preparare le torte da sola. Quando sua madre le ha parlato delle ricette di torte, lei era molto emozionata e non vedeva l'ora di iniziare a cucinare.

Dato che non ne aveva mai preparata una prima, sua madre le trovò una ricetta su Internet e Lucia fu felice di provarla.

Tuttavia, non voleva nessun altro tipo di aiuto da sua madre, le aveva chiesto solo di accendere il forno. La prima cosa che fece fu tirar fuori una ciotola, poi ci versò dentro tutti gli ingredienti qui mescolandoli. Quando finì, sua madre mise una teglia nel forno e Lucia impostò il timer.

Sua madre si offrì di aiutarla, ma Lucia rifiutò ancora. "Voglio farlo principalmente da sola, mamma. È molto importante per me".

Sua madre sorrise, le mise una mano sulla spalla per trasmetterle il suo sostegno e andò nell'altra stanza. Lucia rimase in cucina a fare i compiti. Dopo un po', iniziò a sentire un odore un po' strano. Alzò lo sguardo e vide che dal forno usciva del fumo. In quel momento entrò sua madre e disse: "Lucia, ti sei dimenticata di accendere il timer? C'è odore di torta bruciata".

Sua madre guardò il forno e si precipitò lì. Lo aprì, cercò di allontanare il fumo e tirò fuori la torta bruciata per farla freddare. Lucia, seduta, rimase scioccata. Aveva impostato l'orario, ma si era dimenticata di premere il pulsante AVVIO sul timer. Con la testa tra le mani, rimase incredula.

"Ho dimenticato di premere il pulsante di avvio", si lamentò Lucia.

"Non succede nulla, Lucia", disse sua madre. "La prossima volta saprai che devi avviare il timer. Commettiamo tutti degli errori, specialmente quando proviamo qualcosa di nuovo. Ti aiuterò ancora, se tu lo vuoi".

Lucia scosse la testa, voleva farlo da sola, anche se cominciava a sentirsi un po' agitata.

Il giorno seguente, Lucia mise tutti gli ingredienti nella ciotola, mescolò il tutto, mise il composto nella teglia e sua madre la mise in forno. Lucia si assicurò di impostare l'ora e di premere il pulsante AVVIO. *Ora niente potrà andare storto!* pensò Lucia.

Ma si sbagliava. Quando il timer suonò, Lucia corse a vedere che aspetto avesse la sua torta, perché il profumo era ottimo! Ma il centro della torta non era lievitato: sembrava un cratere sulla luna.

"Cosa è successo?", chiese a sua madre.

"Non lo so, tesoro. A volte le torte non si cuociono bene. Hai messo gli ingredienti nel modo indicato nella ricetta?".

Lucia si mise una mano sulla fronte: non sapeva che ci fossero delle indicazioni! Aveva visto solo la lista degli ingredienti. Il giorno seguente avrebbe riprovato perché voleva davvero mangiare quella torta!

Per la preparazione della terza torta, lesse tutta la ricetta e mise tutti gli ingredienti nella ciotola. Quando tirò fuori la torta dal forno, non era bruciata e non era neanche afflosciata all'interno. Lucia era così contenta e aspettava con ansia che la torta si raffreddasse.

Dopo cena, Lucia e sua madre mangiarono una fetta di torta, ma c'era qualcosa che non andava. Lucia trovò qualcosa di croccante nella sua fetta. Guardò sua madre, che stava tirando fuori pezzi di gusci d'uovo dalla sua fetta. "Cosa ho fatto di sbagliato ora?", disse Lucia. Stava imparando da tutti i suoi errori, ma cominciava a sentirsi frustrata. "Forse cucinare non fa per me", disse sconsolata. "Forse dovrei lasciarlo fare ad altre persone e semplicemente tornare a mangiare la torta".

"Lucia", disse sua madre. "Non è questo il modo di guardare le cose. Ogni volta che hai preparato la torta, hai fatto un errore diverso. Questa volta ti ricorderai di fare attenzione ai gusci d'uovo. Non sei la prima persona a bruciare accidentalmente una torta o a farla cuocere in modo non uniforme. Non sarai nemmeno l'ultima a dimenticare di fare attenzione ai gusci d'uovo. Vai avanti perché so che farai una torta squisita".

Lucia annuì e si sentì molto meglio. Si fidava di quello che le diceva sua madre e sapeva che aveva ragione. La abbracciò e iniziò a pensare di cuocere un'altra torta il giorno successivo.

Così, una volta tornata da scuola, Lucia si mise a fare i compiti. Era un po' meno entusiasta di precipitarsi a cucinare come il primo giorno e voleva assicurarsi di leggere bene tutta la ricetta e accendere il timer; inoltre, aveva bisogno di controllare la miscela per vedere se per caso erano caduti dei gusci d'uovo all'interno.

Ancora una volta, sua madre mise la teglia nel forno e Lucia incrociò le dita. Poi alzò gli occhi, espresse un desiderio e si allontanò dal forno, ma non troppo, perché temeva che potesse accadere qualcos'altro.

La torta aveva un profumo squisito e aveva anche un bell'aspetto! Lucia era sempre più contenta. Così, dopo che la torta si raffreddò, la ricoprì con la glassa al cioccolato.

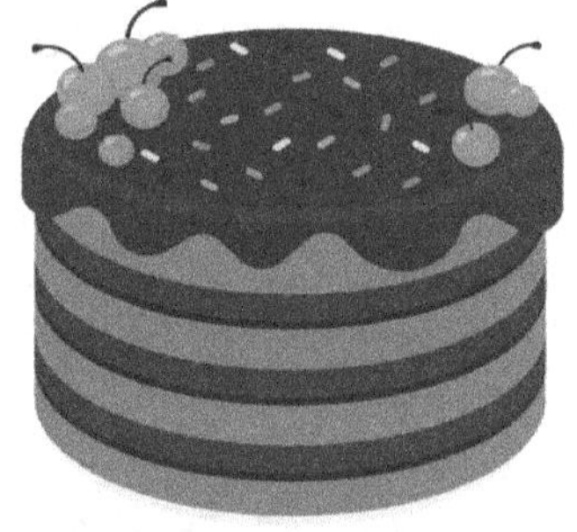

Dopo cena, Lucia e sua madre la mangiarono. Era squisita! Non c'erano gusci d'uovo ed era così "cioccolatosa", soffice e buona.

Lucia era molto orgogliosa di aver ascoltato sua madre e di aver continuato a provare, anche quando temeva che le cose non sarebbero andate bene. Era entusiasta di provare altre ricette e vedere quali altre deliziose torte poteva preparare.

~ ~ ~

Ricorda: non scoraggiarti quando provi qualcosa e fallisci. Non devi abbatterti per questo. Considera ogni opportunità come un nuovo cambiamento per imparare qualcosa di nuovo, come Lucia. Non mollare mai e andrai molto lontano!

Sofia e il suo Nuovo Amico

Ti piace giocare con i tuoi amici? Ti piace stare con persone che ti rendono felice e con cui puoi divertirti? I tuoi amici pensano che tu sia molto speciale: sei gentile, premurosa, divertente e coraggiosa. Magari, pensi spesso agli

altri e li aiuti, ma ti sei mai chiesta cosa accadrebbe se stessi affrontando una brutta giornata e i tuoi amici non potessero aiutarti? Hai mai pensato che conoscere un nuovo amico ti aiuterebbe a vedere il mondo sotto un nuovo punto di vista? Beh, vediamo cosa è accaduto a Sofia. Lei ha molti amici, ma possono aiutarla durante una brutta giornata? E se un nuovo amico potesse insegnarle a vedere le difficoltà in modo diverso?

~ ~ ~

Sofia si divertiva a giocare con le sue amiche dopo la scuola. Ogni giorno, se il tempo era bello, andava al parco con sua madre e suo padre e incontrava alcune delle sue amiche in modo da poter correre e giocare insieme. Sofia e le sue amiche svolgevano varie attività.

Giocavano a fingere di essere in campeggio, di cucinare, di partire per un'avventura e molte altre cose creative. Usare la sua immaginazione era ciò che preferiva fare e alle sue amiche piacevano sempre le storie che inventava. Un giorno, iniziò a piovere mentre erano al parco e tutte le bambine con i genitori dovettero correre a casa.

Sofia era un po' delusa perché non avevano finito di raccontare la sua storia. Mentre si avviavano verso la macchina, Sofia scivolò sul cemento bagnato e cadde su un ginocchio, procurandosi un graffio. Sanguinò un po' e pianse perché non le piaceva vedere il sangue.

Quando tornò a casa, suo padre le pulì la ferita e le mise un cerotto. Iniziò a sentirsi un po' sciocca per quanto aveva pianto perché il graffio in realtà non le faceva *così* male. Successivamente, andarono a cena. A tavola, Sofia non vedeva l'ora di mangiare e, invece di ascoltare sua madre che parlava del purè di patate caldo, lei lo mangiava bruciandosi anche la lingua.

A fine giornata aveva sbattuto la testa, si era graffiata il ginocchio, era caduta, aveva rotto un piatto, aveva rotto la carta leggendo un libro e non era riuscita a trovare il leone di pezza con cui di solito dormiva.

Le erano accadute così tante cose brutte in una sola giornata che divenne molto scontrosa.

"Beh…" disse sua madre, accarezzando i capelli di Sofia. "Spero che dopo una bella dormita ti sveglierai e ti sentirai meglio".

Ma così non fu.

Sofia si svegliò ancora più scontrosa perché, per qualche ragione, era ancora più stanca.

Anche se la sua famiglia provò a parlarle a colazione, Sofia a malapena borbottava una risposta. Sull'autobus, quando la sua amica Nina si sedette accanto a lei e le chiese come stava, Sofia lamentandosi rispose "bene", ma aggiunse anche che non aveva voglia di parlare quella mattina. Mentre camminava lungo il corridoio della scuola, i suoi amici la salutarono con la mano e le sue insegnanti le diedero il buongiorno, ma lei non aveva intenzione di sentire nessuno.

Non sapevano che brutta notte avesse passato e non voleva parlarne con loro. Era stanca e dolorante, e la lingua le faceva ancora male per il purè di patate troppo caldo. Sebbene sapesse che il cattivo umore non sarebbe durato per sempre, nulla sembrava andare per il verso giusto.

Quando iniziò la lezione, Sofia si rese conto di essersi dimenticata di andare in bagno e chiese di usare una giustificazione. Sebbene l'insegnante fosse un po' seccata, annuì e disse: "Torna presto". Sofia non sembrava essersene dimenticata di proposito.

Mentre camminava lungo il corridoio, notò un ragazzo con le stampelle. C'era un adulto con lui e si diressero verso il bagno insieme. Sofia pensò *non mi piacerebbe andare in bagno con un adulto.* Non aveva mai visto quel ragazzo prima, ma la sua scuola era piuttosto grande. Era sicura che non lo avrebbe neanche più rivisto.

Ma si sbagliava.

Lo rivide a pranzo e, mentre l'adulto accanto a lui lo aiutava a portare il vassoio, il ragazzo si sedette da solo. Sofia lo vide togliersi le stampelle dalle braccia e provare a mangiare. Sembrava non riuscisse ad aprire il suo succo di frutta e quando ci riuscì, gli cadde addosso. Lui rise, scosse la testa e si asciugò la macchia dalla maglietta.

Poi, vide che gli cadde una forchetta sul pavimento. Sebbene l'adulto raccolse la forchetta ed andò a prendergliene un'altra, non sembrava affatto frustrato. Il ragazzo si accorse che Sofia lo guardava e la salutò.

Sofia, un po' imbarazzata per essere stata scoperta ma incuriosita dal ragazzo, non poté che rispondere. Finito il pranzo, si avvicinò a lui e gli disse: "Ciao, sei nuovo?".

"Sì, ho iniziato la scorsa settimana, ma gli insegnanti hanno dovuto trovarmi una sistemazione. Mi chiamo Tom".

"Ciao, Tom. Io sono Sofia. Vuoi che ti aiuti a portare lo zaino?".

"No, ce la faccio", lei lo guardò mentre alzava lo zaino in modo impacciato, ma non sembrava affatto infastidito da ciò. "Mi rende più forte", disse Tom con un sorriso, al quale mancavano due denti.

Nonostante il suo umore scontroso, Sofia non riuscì a trattenersi e sorrise a Tom.

"Vuoi fare ricreazione?", chiese.

"Sì, posso solo fare una passeggiata, però. Non posso correre, né saltare né fare capriole". Tom rise e scosse la testa.

"Come fai ad essere così felice?", chiese Sofia. "Hai sempre un adulto con te, a quanto pare. Hai rovesciato il succo di frutta sulla maglietta, hai fatto cadere la forchetta, hai mangiato il tuo pranzo da solo... non ti senti un po' irritato?" chiese.

"Ah, no!" disse Tom. "Se mi arrabbiassi per tutto quello che va storto, non sarei mai felice. È meglio passare dei bei momenti quando le cose si complicano invece che buttarsi giù".

Ciò colpì Sofia in modo sorprendente.

Non aveva mai pensato di considerare le sue sciocchezze divertenti o come qualcosa di positivo. Era solo diventata scontrosa perché sentiva di aver fatto qualcosa di sbagliato. "Questo sì che è un modo diverso di vedere le cose!", disse.

"Sì. Non è sempre facile, ma le mie mani e le mie gambe non funzionano così bene come le vostre, quindi, invece di arrabbiarmi per questo, so solo che lascerò cadere le cose e mi imbatterò in difficoltà e farò in modo che il mio accompagnatore mi aiuti. Sai, tutti commettono errori e a volte diventano goffi comunque. Potrei esserlo un po' più degli altri".

"Wow. È un ottimo modo di pensare!", disse Sofia, rendendosi improvvisamente conto che non doveva essere sempre scontrosa. Quel giorno lei e Tom camminarono insieme a ricreazione. Non appena Sofia vedeva un amico, gli presentava Tom e si scusava per come li aveva ignorati la mattina.

Da allora, lei, Tom e molti dei suoi amici camminarono insieme per il parco giochi e Sofia iniziò a guardare in modo diverso i suoi imprevisti, pasticci e gli altri contrattempi. Cercò sempre di trovare il lato positivo e questo si rivelò un ottimo modo per affrontare qualsiasi cosa negativa. Quando si trovava a riflettere in modo scontroso o cattivo, pensava sempre a Tom e alla sua visione positiva della vita, e questo la faceva sorridere.

~ ~ ~

Cosa ne pensi, amica speciale? Ti capita mai di arrabbiarti per le piccole cose? C'è un modo diverso in cui potresti guardare la vita? La morale di questa storia è di tenere la testa alta perché qualcosa potrebbe sempre andare peggio, ma se sorridi un po', scoprirai che questo aiuta la tua felicità a cambiare direzione.

Grace e il Brutto Taglio di Capelli

Pensi mai a come ti vedono le persone? Ti preoccupi del tuo aspetto o dei vestiti che indossi? Beh, non ne hai affatto bisogno. Non importa come appari, lo stile dei tuoi capelli, come ti vesti o che scarpe indossi, sei unica e speciale dentro tanto quanto fuori.

~ ~ ~

Grace è una ragazza dai lunghi capelli ramati. Se non sai che colore è "ramato", pensa al colore di una foglia rossa autunnale e potrai così immaginare la tonalità dei suoi capelli.

Grace amava pettinarsi in modo diverso ogni giorno e, poiché i suoi capelli erano così lunghi, poteva sperimentare varie acconciature. Un giorno fece una treccia; una volta aggiunse dei nastri; poi fece uno chignon e un'altra volta li legò realizzando una coda di cavallo.

Ogni giorno camminava lungo il corridoio verso la sua classe e i compagni le dicevano: "Grace! Adoro la tua capigliatura oggi!". Questi complimenti la facevano sorridere. Le piaceva l'attenzione che attiravano i suoi capelli e amava poter essere così creativa con le sue acconciature. Prima di andare a letto, Grace e sua madre prendevano spunto online sulla capigliatura da realizzare il giorno successivo. Era un rituale che rendeva felice Grace e le piaceva passare del tempo con sua madre.

Grace amava anche stare con suo fratello minore di nome Tony. Andavano d'accordo e giocavano molto insieme. Si divertivano uscendo e andando in bicicletta, oppure disegnando con il gesso per giocare a campana. Oggi, stavano tornando dal parco; Grace scherzava e cercava di far ridere suo fratello.

Lui rideva così tanto per la battuta da lei fatta che non fece caso ad una buca nel marciapiede e inciampò. Grace si voltò e lo vide cadere in avanti, proprio sulle ginocchia.

"Oh, no!", disse Grace e corse a vedere se suo fratello stesse bene. Mentre si alzava da terra, Grace vide che aveva dei graffi sul ginocchio.

Anche se sanguinava un po', non sembrava essersi fatto poi così male. Ma Grace disse: "Dovremmo pulire la ferita". Aiutò suo fratello ad entrare in casa e lo accompagnò lungo il corridoio fino al bagno. Poi chiamò sua madre che arrivò subito.

Dopo aver medicato suo fratello, Grace si sentì un po' sollevata. Con un sospiro, si voltò per uscire dal bagno, ma sua madre le disse: "Grace. Cos'hai nei capelli?".

Lei si portò le mani in testa, passò le dita tra i capelli e queste si bloccarono. Grace si voltò per guardarsi allo specchio. "Oh, no!", disse. Sembrava una gomma da masticare. "Come è finita lì?". Vide poi che la gomma si era attaccata a gran parte dei suoi capelli e più li muoveva, più i capelli si attaccavano a questa.

"Grace, tesoro", disse sua madre, prendendole la mano. "Più li muovi, peggio diventeranno".

"Mi dispiace, Grace", disse suo fratello. "Probabilmente ho sputato la gomma quando sono caduto". Sembrava davvero molto dispiaciuto tanto che la bocca e il mento iniziarono a tremare.

Grace guardò suo fratello: non voleva che si sentisse in colpa. Sapeva che lui non avrebbe mai fatto una cosa del genere di proposito. Quindi, gli disse: "Grazie, Tony. Ma è stato un incidente". E lo abbracciò. "Mamma riuscirà a toglierla".

Tony uscì dal bagno, mentre loro provarono con ghiaccio, burro di arachidi, olio da cucina e aceto a risolvere il problema. Provarono qualsiasi rimedio per toglierle la gomma dai capelli, ma nulla funzionava. Dopo un po', la mamma di Grace la guardò e disse: "Mi dispiace, tesoro. Penso che dobbiamo andare dal parrucchiere".

"Che significa?", chiese Grace.

"Significa che dobbiamo tagliare la gomma. Ma i capelli crescono, quindi anche se li tagli, ricresceranno, ok?",

Grace annuì, ma era molto triste. Amava i suoi capelli lunghi e non sapeva se la gente l'avrebbe riconosciuta o se sarebbe piaciuta anche dopo averli tagliati. "Va bene, mamma", disse Grace rattristata.

Sua madre si avvicinò per abbracciarla. "Andrà tutto bene, te lo prometto. Pensa a questo incidente come una possibilità per sperimentare un nuovo stile".

"Va bene", rispose. "E se a nessuno piacciono i miei nuovi capelli? Cosa farò?".

"Grace, sei una ragazza fantastica con così tante qualità. Sei intelligente, divertente e hai un cuore gentile. Tutti ameranno i tuoi capelli e gli piacerai proprio come ieri".

Questo la fece sentire meglio. Ma quando arrivarono dal parrucchiere, era agitata all'idea di tagliarsi i capelli. Salì sulla poltrona e disse: "È da molto che non porto i capelli corti. Sono un po' agitata".

Il parrucchiere le sorrise e disse: "È normale. Tutti ci agitiamo quando facciamo cose nuove. Farò in modo che i tuoi capelli siano fantastici, ok?".

Grace si sentì molto meglio perché aveva espresso i suoi sentimenti. Poi chiuse gli occhi quando il parrucchiere iniziò ad usare le forbici e i capelli ricoperti di gomma da masticare cadevano a terra.

Dopo poco, Grace li riaprì e notò che i suoi capelli erano ancora gli stessi. Erano solo più corti. Ora, le toccavano le spalle e, tutto sommato, le piacevano. Quando spuntò un sorriso sul viso, sua madre si avvicinò e disse: "Guarda! Ho trovato alcune acconciature che potremmo realizzare con i capelli più corti".

La mattina dopo, Grace e sua madre utilizzarono nuove mollette per i capelli portandoli indietro ai lati. Fece un respiro profondo mentre saliva sull'autobus e cercò di non guardare l'autista negli occhi.

"Ehi! Hai cambiato stile ai capelli!". Grace guardò l'autista e annuì agitata. "Ti stanno bene! È un bel cambiamento!", disse mentre chiudeva le porte dell'autobus. Grace si sentì travolgere da un'ondata di sollievo. Era grata di conoscere un autista così gentile che le aveva detto qualcosa di così carino.

Ovviamente, quello dell'autista non fu l'unico complimento che ricevette quel giorno. Anche le persone che non conosceva le dicevano che i suoi capelli erano molto belli. E a fine giornata, Grace pensò che era stato un bell'incidente a farle cambiare il suo taglio di capelli e volle persino ringraziare suo fratello quando tornò a casa.

~ ~ ~

Allora, cosa ne pensi della storia di Grace? Lo sai che non importa come appari fuori, ciò che hai dentro non cambia. Spero che tu possa ricordarlo sempre, e se mai dovessi avere anche tu questo imprevisto con la gomma, sappi che c'è sempre un modo per risolverlo! Non aver paura di cambiare, le tue differenze sono ciò che ti rende speciale e unica!

Amelia e i Ragazzi Prepotenti

Hai mai visto un ragazzo che sembra così tanto diverso da te? Cosa pensi di lui? Lo sai che in realtà è simile a te per certi versi e diverso per altri? Ti piacerebbe fare amicizia con lui? Vorresti fargli domande riguardo alla sua provenienza, ai suoi genitori e a cosa gli piace e non gli piace? Sono tutte ottime idee! Se qualcuno sembra diverso da te, non significa niente! Non sai mai com'è una persona finché non le parli e non impari a conoscerla.

~ ~ ~

Amelia stava andando a scuola e si godeva il bel tempo. Le piaceva il passaggio dall'estate all'autunno perché le foglie diventavano di tanti bei colori e l'odore nell'aria era fantastico. Era molto allegra quando le stagioni cambiavano.

Quel giorno, tuttavia, sentì molti ragazzi fare chiasso e li vide riuniti in cerchio. Essendo curiosa e molto intelligente, Amelia capì che ora stavano facendo troppo rumore e sembravano un po' cattivi. Quindi, si avvicinò e disse: "Cosa state facendo, ragazzi? Sembra che vi stiate prendendo gioco di qualcosa".

Una volta, aveva visto proprio questo gruppo di ragazzi dare fastidio a un gattino e non voleva che accadesse di nuovo. Quando il loro cerchio si aprì, vide che stavano facendo i prepotenti, ma questa volta non con un gattino. Si trattava di un bambino.

Amelia scosse la testa. "Non posso credere che ve la stiate prendendo con un ragazzo più piccolo di voi". Il ragazzo al centro era proprio piccolo, ma lui si arrabbiò ancora di più. "Non sono più piccolo di loro. Siamo nella stessa classe!". Si asciugò le lacrime e si allontanò offeso da Amelia e dal gruppo.

Amelia lo guardò allontanarsi sbattendo i piedi. Se era nella classe di quei ragazzi, significava che era anche nella sua classe. Era decisamente molto più piccolo di tutti loro, ma Amelia si sentì in colpa per aver pensato che avesse un'altra età e per aver ferito i suoi sentimenti. Così, ignorò i ragazzi e lo seguì rapidamente.

"Ciao!" disse mentre lo raggiungeva. "Sei nuovo, vero? Mi chiamo Amelia". Dovette camminare abbastanza velocemente per stare al suo passo. "Wow. Cammini veloce".

Il ragazzo si fermò e la fissò ancora arrabbiato. "Che cosa vuoi?", sbottò.

"Mi dispiace di aver pensato che fossi in una classe di ragazzi più piccoli. Non lo immaginavo, con tutti quei ragazzi intorno a te".

Il ragazzo sembrava sorpreso. "Oh", disse. "Pensavo che mi avresti preso in giro".

"Perché dovrei?", chiese Amelia.

"Perché sono così basso".

Amelia scosse la testa. Sapeva che essere bassi non significava nulla. "Solo perché sei basso non significa che rimarrai così. I nostri corpi crescono in modo diverso e cambiano ogni giorno. Inoltre, l'aspetto esteriore non ha alcuna importanza. Ciò che conta è quello che abbiamo dentro", disse Amelia indicando il cuore e la testa. "Come ti chiami?", chiese.

Il ragazzo rimase sorpreso come se non avesse mai sentito nessuno pronunciare quelle parole.

"Mi chiamo Justin. Sì, mi sono appena trasferito qui", disse sospirando. "Grazie per avermi aiutato con quei ragazzi. Erano piuttosto cattivi".

"Purtroppo, a volte si comportano così. Non so se lo fanno per noia o se semplicemente perché non sanno come rivolgersi alle persone".

"Wow. Sei gentile con loro".

"No, non va affatto bene quello che hanno fatto a te o a chiunque altro!", Amelia, però, non voleva più parlare dei prepotenti. Piuttosto, voleva parlare di Justin e scoprire da dove veniva. Gli chiese: "Allora, dove abitavi prima?".

Justin e Amelia parlarono mentre andavano a scuola. Pranzarono insieme e risero un sacco. Amelia scoprì molte cose interessanti su di lui. Era basso, come tutta la sua famiglia ed era anche veloce. Veramente tanto veloce. Justin conosceva anche molte barzellette, alcune lei già le aveva sentite, ma altre le aveva inventate lui. Questo impressionò Amelia perché se era bravo ad inventare le barzellette, significava che era davvero divertente.

In effetti, i due divennero molto amici tanto che Amelia invitò Justin a casa sua, e lui ebbe l'opportunità di raccontare alcune delle sue barzellette ai suoi genitori facendoli ridere. Lei era molto felice di averlo conosciuto.

Un giorno, mentre tutti gli studenti erano a ricreazione, il gruppo di ragazzi chiassosi sfidò tutti gli altri ragazzi ad una gara di velocità. Amelia sapeva che lo facevano solo per prendere in giro i ragazzi che non erano veloci, ma Justin voleva dimostrare loro quanto lo fosse e così fu il primo a farsi avanti.

I ragazzi risero di lui e Amelia alzò gli occhi al cielo. Disse al suo amico: "Fagli vedere quanto sei veloce! Così vedranno che sbagliano a trattare le persone in quel modo". Amelia gli diede una pacca sulla spalla e, grazie alla sua sicurezza, fu felice di vedere che anche altri ragazzi si fecero avanti per gareggiare con lui, oltre al gruppo di ragazzi che amavano prendersela con tutti.

Si fermò davanti alla linea di partenza e disse: "Pronti? Partenza. Via!". E il gruppo di studenti si mise a correre.

Justin partì a grande velocità e Amelia sentì il pubblico di bambini gridare e applaudire stupiti per quello che stava facendo.

Justin tagliò per primo il traguardo ed era a malapena senza fiato. Quando arrivò anche l'altro gruppo di prepotenti, questi sbuffavano ed erano molto affannati.

Tutti intorno applaudirono. Amelia corse da Justin e lo abbracciò. "Sei stato così veloce! Dovresti provare ad entrare nella squadra di atletica il prossimo anno!", gridò Amelia cercando di farsi sentire sopra gli applausi.

Uno dei bulli di nome Michael si avvicinò a Justin e disse: "Wow! Ci dispiace di averti preso in giro!".

Justin annuì e guardò Amelia con un sorriso. "Penso che non dovresti trattare niente e nessuno in quel modo, perché tutti siamo bravi in qualcosa".

Michael annuì. "Hai ragione! Non dovrei trattare le persone così. Grazie per aver gareggiato con me. Mi sono divertito molto".

Amelia rimase sorpresa dalla reazione di Justin; nel frattempo tutti correvano per gareggiare di nuovo insieme. Justin era un ragazzo molto carino con un sacco di qualità speciali e Amelia capì l'importanza di trattare sempre le persone con la stessa gentilezza di Justin. Inoltre, sapeva che avrebbe dovuto esercitarsi un po' di più a correre se voleva stare al passo con lui; era davvero molto veloce!

~ ~ ~

Indipendentemente dalle dimensioni, dalla forma o dal colore, tutte le persone possono fare qualcosa a cui potresti non aver mai pensato. Ricordati, meravigliosa lettrice, che ciò che sei dentro forma il tuo cuore e la tua testa. Queste sono le parti che contano di più. Se sei gentile, intelligente e carina con le persone, qualunque cosa accada, troverai persone che ti tratteranno allo stesso modo.

Nadia e suo Nonno

C'è qualcuno nella tua vita che ti ama e ti sostiene? Vai da quella persona quando hai bisogno di aiuto? Ti guida e ti supporta quando ti senti giù? Tutti abbiamo giorni brutti e giorni belli. Pro-

viamo tutte le emozioni, da quelle positive a quelle negative. Ma a volte anche la persona che ci ama e ci sostiene di più ha bisogno del nostro amore e del nostro aiuto. È importante dare e non soltanto ricevere. Quando qualcuno che conosciamo sta passando una brutta giornata, una ragazza speciale può fare qualcosa di carino per quella persona.

~ ~ ~

Nadia e suo nonno erano in piedi accanto al tavolo, aggiungendo gli ultimi ritocchi al loro modellino di barca a vela. Erano molto silenziosi e Nadia non guardava suo nonno perché sapeva che avrebbero iniziato a ridacchiare insieme, anche se quello era un momento serio; tuttavia, immaginava le sue sopracciglia unite che assomigliavano a un grosso bruco peloso.

Il nonno tirò l'ultimo pezzo di corda sull'asta per terminare la vela del loro modellino in miniatura. Lei trattenne il respiro mentre lui infilava lentamente il filo nel piccolo foro e legava l'intera vela in cima. Quando ebbe finito, si voltò a guardare Nadia e sorrise. "Ah, nipote, ne abbiamo finito un altro!".

Si alzò e prese in braccio Nadia e fecero la loro "danza finale".

"Andiamo ora", disse, mettendola giù. "Andiamo a mangiare dei biscotti e a bere un po' di tè".

Nadia non sapeva davvero quale parte della costruzione di barche a vela le piacesse di più, ma sapeva che amava ogni momento che trascorreva con suo nonno. Dopo la merenda, scesero nel laghetto in cortile e pescarono. Era un po' tardi per prendere qualcosa, ma quello che contava era stare insieme.

Normalmente, Nadia e suo nonno pescavano la mattina e poi iniziavano a costruire le barche in miniatura, ma oggi era un giorno speciale: avevano ultimato la barca e Nadia era così contenta da non riuscire a stare ferma e pescare; così, il nonno ascoltò le sue storie mentre aggiungeva gli ultimi ritocchi a un'altra barca in miniatura.

Facevano le stesse cose da anni: pescare, costruire barche giocattolo e poi farle navigare nel laghetto del nonno. Lui fabbricava giocattoli e amava realizzare in particolare i modellini di barche. Nadia lo aveva aiutato da quando aveva imparato a camminare e, prima ancora, i suoi genitori le avevano raccontato che lo guardava dal suo seggiolone o dalla sua area giochi mentre lui costruiva.

Ballavano sempre il loro "ballo della barca finita", mangiando biscotti e bevendo un tè dopo ogni costruzione. Suo nonno era una persona molto speciale per lei.

Crescendo, passavano meno tempo insieme perché lei iniziò ad andare a scuola. Ora, Nadia vedeva suo nonno solo nei fine settimana e nelle occasioni speciali, come nel giorno del suo compleanno. Ma anche se si vedevano un po' meno, le loro tradizioni speciali proseguivano.

Un giorno, Nadia prese un brutto voto a scuola, nonostante pensasse di aver svolto molto bene il compito. Questo la rese scontrosa per il resto della giornata: sebbene non fosse andata così male, anche le piccole cose la facevano innervosire, come ad esempio l'aver sbattuto la mano contro il banco di scuola. Passò così il pranzo piangendo, mentre alcuni compagni la prendevano in giro. Una volta arrivata a casa, si precipitò in camera sua senza dire nulla a suo padre. Quando lui bussò alla porta, Nadia non riuscì neanche a sentirlo perché piangeva disperata. Si addormentò piangendo e si svegliò solo quando sentì bussare alla sua porta. "Ciao, Nadia". Sentì la voce del nonno e si sedette immediatamente sul letto. Vide il suo grande sorriso quando lui entrò nella stanza. "Tuo padre ha detto che c'è qualcosa che non va e volevo venire a vedere se per caso potevo aiutarti".

Nadia non sapeva cosa potesse farla sentire meglio, quindi scrollò le spalle, ma già era più felice sapendo che lui era lì e desiderava aiutarla. Il nonno l'abbracciò e lei poggiò la testa su di lui. "Ti va di parlarne?", le chiese.

Non ne era sicura, ma quando iniziò a raccontargli la sua brutta giornata, non riuscì più a fermarsi. Mostrò al nonno il dito dolorante e gli raccontò dei bambini che l'avevano presa in giro quando piangeva a pranzo. Anche se la sua voce era un po' tremante, ora si sentiva più forte al suo fianco e stava meglio perché lui l'ascoltava.

"Tutti vivono delle brutte giornate e incontrano persone che cercano di farli stare male. È il modo in cui scegli di reagire alla cattiveria e alle persone che ti rendono ciò che sei. Se decidi di continuare a starci male, stai scegliendo di essere infelice. Se, invece, lasci andare quella brutta sensazione, capisci che le persone che ti hanno preso in giro non sono affatto felici".

Il nonno indicò il cuore di Nadia. "Sei una ragazza forte. Allontana la cattiveria".

Nadia ascoltò il nonno e annuì. Anche se le cose che le erano successe erano brutte, voleva lasciar andare la brutta sensazione, quindi chiuse gli occhi e decise di sentirsi meglio. "Va bene, Nadia, ora sostituisci i tuoi pensieri negativi con quelli buoni. Dimmi una cosa buona che è accaduta oggi".

Nadia aprì gli occhi e sorrise. "Sei arrivato tu qui per aiutarmi!".

Il nonno rise. "Molto bene! Anche a me piace questa bella sensazione! Sono così felice di vederti".

"Vuoi cenare con noi?", chiese Nadia.

"Sì! Resterò a cena".

Dopo aver mangiato e quando il nonno se ne andò, Nadia si stava preparando per andare a letto. Disse a suo padre: "Il nonno aiuta sempre tutti. Vorrei poter fare qualcosa di speciale per lui per ringraziarlo".

"Cosa vuoi fare?".

"Penso di volergli costruire una barca giocattolo speciale".

"Beh, allora dovresti farlo. Vuoi il mio aiuto?".

Nadia sapeva che suo padre avrebbe dovuto aiutarla a comprare il materiale e a leggere le istruzioni, ma per il resto voleva costruire la barca da sola. Sapeva esattamente i colori che avrebbe usato e quali decorazioni avrebbe aggiunto. E così, una volta che suo padre le comprò gli strumenti necessari, iniziò a lavorare alla barca giocattolo tutti i giorni dopo la scuola.

Dato che aveva aiutato suo nonno a fare le barche per così tanti anni, non impiegò molto a mettere insieme il modello. Ma le ci volle un po' per dipingere e decorare la barca. Alla fine, chiamò la nave "Nonno" aggiungendo il nome al lato.

Una volta che la vernice si asciugò, Nadia e suo padre portarono la barca al nonno. Era incartata, quindi non avrebbe immaginato cosa fosse.

Quando il nonno aprì la porta, Nadia urlò: "Sorpresa! Ho un regalo per te". E tutti insieme entrarono in casa. Si sedettero a tavola e il nonno aprì il regalo e vide la barca di Nadia.

"Grazie per la bellissima barca, Nadia!". Disse sorridendo: "Questa barca è la migliore che abbia mai visto".

Nadia sorrise. "Grazie per essere un nonno fantastico! Sei sempre lì ad aiutarmi quando ne ho bisogno. Ti voglio tanto bene". Lo abbracciò e tutti insieme uscirono per far salpare la nuova barca giocattolo che aveva costruito quasi completamente da sola.

~ ~ ~

Beh, spero che ti sia piaciuta la storia! Sapevi che avere persone da amare e da sostenere può aiutarti? Ringrazi abbastanza la persona speciale che ti ha cresciuta? Se non vive a casa tua, forse dovresti chiamarla, scriverle o andare a trovarla e dirle quanto fantastica pensi che sia!

Maria, la Stella del Calcio

Ti è mai piaciuta così tanto un'attività che hai persino pensato di voler far parte di una squadra per praticarla? Eri agitata quando sei andata al primo allenamento? Indovina? È normale! Tutti ci agitiamo in alcune occasioni, specialmente quando proviamo qualcosa per la prima volta. Ma la cosa bella è che anche quando abbiamo paura, possiamo fare comunque le cose che amiamo perché così l'agitazione svanirà rapidamente.

~ ~ ~

Maria amava giocare a calcio, ma non si era mai unita ad una squadra perché era troppo timida per giocare con altre persone. Finalmente, decise di chiedere a sua madre di iscriverla alla scuola di calcio perché voleva provarci. Il muro non era adatto a respingere la palla e desiderava imparare nuovi trucchi.

Maria decise che, sebbene fosse agitata all'idea di giocare in una squadra, imparare nuovi passaggi, uscire con le bambine della sua età e giocare una vera partita sarebbe stato fantastico.

Il solo pensiero degli arbitri, dei portieri e della corsa su un campo la rendeva così contenta! Nelle settimane precedenti al primo allenamento con la squadra, Maria passava le giornate a palleggiare all'esterno, ad esercitarsi a calciare, persino a far rimbalzare la palla sul ginocchio e, di tanto in tanto, sulla testa.

Ma poi accadde qualcosa. Più si avvicinava il giorno dell'allenamento, più si agitava.

Pochi giorni prima, suo padre le chiese: "Sei contenta che sta per arrivare il momento tanto atteso?".

Maria smise di fare ciò che stava facendo e guardò suo padre. Non lo era. Era spaventata. "No", disse Maria. "Credo di non voler più giocare in una squadra".

"Oh", disse suo padre. "Perché sei timida quando sei con le altre persone?".

Maria annuì. Improvvisamente, quando c'erano altre persone intorno, si zittiva.

Le piaceva parlare a tu per tu con le sue amiche Chiara e Grace, ma quando si trattava di parlare con persone che non conosceva in situazioni importanti, cercava di nascondersi in un angolo, in modo che nessuno la potesse notare.

Suo padre le prese la mano e disse: "Ascolta, Maria. Andrà tutto bene. Sei una giocatrice fantastica. Una volta che scendi in campo con le altre tue coetanee, non sarai più agitata".

Maria fece un respiro profondo e annuì. Aveva ragione e suo padre era piuttosto convincente, quindi Maria pensò che sarebbe stato giusto ascoltarlo. E per un po' si sentì meglio.

Tuttavia, quando si svegliò, si rese conto che stava ancora pensando a tutte le persone che l'avrebbe guardata giocare a calcio e a tutte le compagne della squadra.

Era preoccupata perché pensava che non sarebbe stata brava come loro non avendo mai giocato in una squadra. Poi pensò che le avrebbe potute deludere facendo qualcosa di sbagliato in campo. Successivamente, si innervosì pensando che forse non sarebbe riuscita a segnare il gol decisivo! Iniziò a sentire lo stomaco sottosopra. Pensava che forse l'idea che aveva avuto di far parte di una squadra di calcio fosse stato un grande errore.

Quando scese a fare colazione il giorno dell'allenamento, decise che non sarebbe andata. Era troppo agitata e spaventata. Si sedette, guardò suo padre che le preparava la colazione e disse: "Papà, oggi non giocherò a calcio con la squadra. Ho deciso che non voglio farlo". Sebbene fosse brutto dirlo e, infatti, Maria si sentiva combattuta. Non voleva giocare con altre persone perché solo il pensiero l'agitava. Ma allo stesso tempo, desiderava giocare una vera partita di calcio.

Il padre di Maria si sedette accanto a lei. Le mise una mano sulla spalla e disse: "Maria, so che sei agitata all'idea di giocare di fronte alla gente, ma lascia che ti sveli un segreto, *tutti* ci agitiamo prima di fare qualcosa di nuovo. Ogni. Singola. Persona. E se non ti agiti per qualcosa, significa che non è così importante per te. L'agitazione è normale, ma una volta che ti butti e fai la cosa che ti spaventa di più, sentirai che la paura svanirà".

Mentre ascoltava suo padre parlare, si rese conto che aveva ragione! In tante altre occasioni si era agitata nel fare qualcosa per la prima volta, ma poi, provandoci, le farfalle nella pancia scomparivano.

"Va bene, papà. Lo farò", disse abbracciando suo padre. "Grazie per avermi ascoltata".

Quando Maria andò ad allenarsi, vide un gruppo di ragazze riunite. Erano tutte in piedi e anche loro erano agitate. Sebbene lei fosse timida, ricordava anche quello che aveva detto suo padre sul provare qualcosa di nuovo, così si avvicinò alle compagne, sorrise e disse: "Ciao! Mi chiamo Maria. Come vi chiamate?".

Così iniziarono a parlare, ridere e a divertirsi. Quando arrivarono gli allenatori, Maria vide che tra loro c'era suo padre. Fu una bella sorpresa. Corse ad abbracciarlo e disse: "Non sapevo che avresti fatto l'allenatore".

Lui sorrise e disse: "Li sto solo aiutando. Ho pensato che se fossi stato qui con te, ti saresti tranquillizzata".

Maria era felice che suo padre fosse lì, anche se ormai non era più agitata.

"Andiamo, squadra", disse il capo allenatore. "Alleniamoci".

Dopo un po', Maria scoprì di essere brava quanto le sue compagne di squadra e insegnò loro alcuni nuovi trucchi divertendosi molto.

Poi arrivò il giorno della prima partita e allo stesso modo arrivò anche la sua agitazione.

Era però determinata a non lasciarsi mai più bloccare dalla sua paura. Così chiuse gli occhi e fece un respiro profondo. Si ricordò di quello che aveva detto suo padre sull'essere agitata, sul fatto che tutti spesso lo sono e questo l'aiutò a sentirsi meglio.

Maria aprì gli occhi e guardò il campo da calcio. Quando suonò il fischio d'inizio, corse per prendere la palla. Quando la raggiunse, la calciò all'indietro e fece un giro per tenerla ai suoi piedi. Palleggiò un po' e si fece strada superando l'altra squadra di ragazze fino a raggiungere la porta.

Maria poi calciò la palla. Anche se il portiere dell'altra squadra quasi riuscì a pararla, Maria saltò in aria, così entusiasta di aver segnato il suo primo gol.

Era così felice e non vedeva l'ora di poterlo fare di nuovo.

~ ~ ~

Ringraziamo il papà di Maria per averci ricordato che tutti noi ci agitiamo e questo ci dimostra semplicemente che quella cosa che ci spaventa è importante per noi! E poi, che bel finale! Maria ha segnato il suo primo gol perché si è lasciata andare e ha fatto quello che desiderava tanto. Cosa ne pensi? Pensi che sia normale avere paure e dubbi? Lo sai che anche se sei spaventata, non significa che non puoi provare qualcosa di difficile con coraggio? Se lo fai, puoi stare certa che supererai le tue paure e le tue agitazioni!

Epilogo

Ora che hai letto le storie riguardanti queste meravigliose ragazze e le sfide che hanno superato, sai che puoi farlo anche tu? Sei una ragazza molto speciale e sei *unica* al mondo. Ogni volta che sei spaventata o agitata, ricordati di fare un respiro profondo e continua ad andare avanti. Questo è uno dei modi che ti permetterà di realizzare molti successi.

Ricorda che la luce che hai dentro è eccezionale e che tu sei unica e speciale.

Tu sei una ragazza straordinaria.

Contenuti Bonus

I nostri Regali per Te

Iscriviti alla nostra Newsletter e ricevi questi Materiali Gratuiti

Scannerizzami

www.specialartbooks.com/free-materials/

Seguici su:

Instagram: @specialart_coloring
Gruppo Facebook : Special Art - Kids Entertainment
Sito Web: www.specialartbooks.com

Impressum

Per domande, feedback e suggerimenti:

support@specialartbooks.com

Nadia Ross, Special Art

Copyright © 2021

www.specialartbooks.com

Immagini © Shutterstock

9 791280 592231